食べるクスリ
おかゆ

崔智恩

ブロンズ新社

はじめに

おかゆは「食べるクスリ」なのです

なんだか体調が悪いな、疲れがとれないな……と思ったら、私はクスリを飲むよりもまず、何を食べれば元気になれるかを考えます。日頃からバランスのとれたおいしい食事をとることで病気を予防し、治療しようという「薬食同源」を実践しているからです。

「薬食同源」をとり入れてみようと思ったら、おかゆの出番です。なぜなら、おかゆは、私たちアジア人の食生活の基本であるお米だから。お米は白いキャンバスのようなものですから、野菜や魚介類、ドライフルーツなど、どんな食材とも相性抜群。

「おかゆってつくるのが大変だから……」という声をよく耳にします。でも私がつくるおかゆは、とってもかんたん。お米を30分水につけた後、ごま油で炒めて、15分煮るだけで出来上ります。さらに、ごはんからつくったり、ミキサーを利用したりすれば、おかゆづくりはもっと短縮されます。
ふだんから、もっとおかゆを食べてほしいから、この本では、いろいろな食材を使った、私のお気に入りのおかゆを68種類紹介しました。巻末に、食材別、症状別のリストもつくりましたので、その日の体調や気分に合わせて、選んでください。
この本で紹介した分量や水加減は、私がいつもつくっているもので、言ってみれば私の好み。あくまで目安と考えてください。煮つまるようなら水を加えたり、冷蔵庫の中身と相談しながら食材を工夫してみたり、味つけを変えてみたり……。おいしさの正解はひとつではありません。ラフにつくっても、失敗知らずなのも、おかゆのよいところ。何度かつくりながら、自分なりの「おかゆ」を見つけていただけたら、嬉しい限りです。

もくじ

おかゆの基本

おいしいおかゆをつくる3つの方法

疲れた体を癒すおかゆ

体の芯からあたたまりたい

朝までぐっすり眠りたい

目が疲れたら

脱！夏バテ

病後を元気に過ごす

元気な体をつくるおかゆ

風邪のひきはじめに

咳が止まらない時に

のどがイガイガしてきたら

苦しい鼻づまりに

胃をすっきりラクに

二日酔いの朝に

いつでもおいしく食べたい

貧血防止

つらい頭痛に

キレイになる おかゆ

免疫力を
あげるおかゆ

穀物と豆のおかゆ

おかゆの基本

水の量や火加減、鍋などにちょっと気を配るだけで、グンとおいしいおかゆがつくれます。おかゆは時間がかかるという印象がありますが、かんたんにおいしくつくれるコツを紹介しましょう。

おいしいおかゆをつくる3つの方法

この本では、米からつくる方法、ごはんからつくる方法、そしてミキサーでつくる方法を紹介しています。それぞれ、つくり方のポイントをまとめてみました。

米からつくる

水につける時間	30分
炒める時間	2分
煮る時間	15分

米をごま油で透きとおるまで炒めてから、水を加えて煮ていきます。韓国では「おかゆ」と言えば、この方法が一般的です。米が油でコーティングされるので、煮たてたり、混ぜすぎたりしても、粘りが出ません。ごま油で炒めることで、香ばしさとコクが出るので、後ひくおいしさです。

水の量

本書では、米 1/2 カップに水 4 カップという割合を基本にしています。
ちょっと水が多すぎるように感じるかもしれませんが、水の量は多めにしておくと、失敗がありません。煮つまってしまうようなら水を足すなど、その都度、調整しながらつくってみてください。
病後や風邪などで食欲がない時、消化器系が不調の時などには、水を少し増やして、さらさらしたおかゆにするのもおすすめです。

火加減

本書では、鍋を火にかけたら、まず強火で沸騰させ、その後、中火で煮こむ方法を基本にしています。
一般的におかゆというと、とろ火でコトコト長時間煮こんで、と言われますが、私は最初に米をごま油で炒めて、水を加えて沸騰させた後は、中火で15分、グツグツ煮てしまいます。こんなにグツグツ煮てしまっていいのかしら？と、心配になるかもしれませんが、大丈夫。
煮ているあいだは鍋にふたをして、ほんの少しふたをずらして熱の逃げ道をつくっておけば、吹きこぼれを防ぐことができます。焦げつきが心配な時は、沸騰した後に、底のほうから、時々ぐるっと大きく混ぜてください。

鍋

●土鍋
火のあたりがやわらかく、熱をよく蓄える土鍋は、おかゆに最も適した鍋です。炊飯用の土鍋は、ふたが二重になっているので、吹きこぼれにくく、おすすめです。土鍋は急激な温度変化に弱いので、熱いままで濡れ布巾の上や流し台においただけで、底にひびが入ってしまうことがあるので、注意してください。

●厚手の鍋
ホーローやステンレスなどの厚手の鍋はおかゆに向いています。土鍋より、さらっとしたおかゆに仕上ります。

●圧力鍋
おかゆは圧力鍋の得意メニュー。メーカーによって、調理時間は若干変わってきますが、5〜15分加圧し、15〜30分自然放置すれば、おいしいおかゆが完成します。放置時間を短くすれば、さらっとしたおかゆに、長くすれば、ねっとりしたおかゆに仕上がります。
しっかりとふたをすることができるので、吹きこぼれる心配がありません。

●炊飯器
最近では、おかゆ機能のある炊飯器も数多く出ています。出来上がりのおいしさという点では直火にかないませんが、吹きこぼれや焦げつきの心配もありません。メーカーによって、時間は若干変わってきますが、30〜50分くらいで出来上がります。ほとんどのタイプが、玄米や雑穀などにも対応しています。

ごはんからつくる

煮る時間……………………20分

ごはんからおかゆをつくる時は、昆布や煮干しのだしや、牛すね肉やとりのスープ、お茶などで煮て、ごはんに味をしみこませるのが、おいしさの秘訣。玉ねぎやしょうが、セロリ、まいたけなど、だしが出る食材を使う場合は、水で煮こんでも大丈夫です。
ただし、煮る時間は、鍋の大きさや食材によって、また、好みによっても違ってきますので、20分を目安に、調整してください。

水の量

本書では、ごはん茶碗1/2に水3カップという割合を基本にしていますが、調整しながらつくってください。

火加減

本書では、鍋を火にかけたら、まず強火で沸騰させ、その後、弱火で煮こむ方法を基本にしています。
ごはんからつくるおかゆは、吹きこぼれやすいので、注意。煮ているあいだは鍋にふたをして、ほんの少しふたをずらして熱の逃げ道をつくります。
焦げつきが心配な時は、沸騰した後に、底のほうから、時々ぐるっと大きく混ぜてください。

鍋

温度変化がおだやかで、保温性の高い厚手のもの、深さのあるものが向いています。分量に対して小さすぎる鍋や浅い鍋は、煮つまりやすいので、避けましょう。

だし

ごはんからつくるおかゆの場合、味の基本は、だし。食材が魚介類なら昆布だし、野菜なら煮干しだしが合うようです。とり肉や牛すね肉のスープを使ってもおいしくつくることができます。だしは、まとめてとって、小分けにして冷凍しておくと便利です。市販のだしパックを使うと、手軽さアップ。

●煮干しだし

煮干し……30g
水……6カップ

❶煮干しは頭と腹わたをとりのぞきます。
❷❶を鍋に入れ、水を注ぎます。
❸鍋を弱火にかけ、煮たったら中火にして5分ほど煮ます。
❹❸を漉します。

●昆布だし

昆布……20g
水……6カップ

❶かたく絞った布巾で、昆布の表面の汚れをふきます。
❷❶を鍋に入れ、水を注ぎ、5時間ほどおきます。
❸鍋を中火にかけ、煮たったら火を止め、昆布をとりだします。

●とりスープ

とり骨付きぶつ切り肉……500g
ねぎ……1/2本
にんにく……1片
水……6カップ

❶とり肉はさっと水洗いします。
❷❶と長ねぎ、にんにくを鍋に入れ、水を注ぎます。
❸鍋を強火にかけ、煮たったらアクをすくいながら、弱火で20分ほど煮ます。
❹❸を漉します。

●牛すね肉のスープ

牛すね肉……500g
水……10カップ
A ｜ねぎ（ぶつ切り）……1本
　 ｜にんにく（みじん切り）……2片
塩……適量

❶水を鍋に注ぎ、鍋を強火にかけ、煮たったら牛すね肉を入れます。
❷再び煮たったらアクをすくいながら、弱火で1～2時間煮ます。
❸Aを加えて30分ほど煮ます。
❹❸を漉します。
❺すね肉はほぐしてトッピングにします。

ミキサーでつくる

水につける時間	30分
煮る時間	5分

水につけておいた米を、芋や栗、ナッツ類と一緒にミキサーにかけると、お米のとろみでポタージュスープのようなおかゆになります。
野菜を使ったおかゆは、小麦粉や牛乳、油脂を使っていないので、初期離乳食やアレルギーのお子さんにも向いています。栄養満点だから、病人やお年寄りの介護食にもぴったりです。

水の量

本書では、米1/4カップに水3カップ、食材1/2～1/4カップという割合を基本にしています。

火加減

はじめに米と水2カップをミキサーにかけ、2～3分煮ます。

そこに、食材と水1カップをミキサーにかけたものを、少しずつ加え、弱火でとろみがつくまであたためます。
煮る前に漉すとなめらかな仕上がりになります。

鍋

ミキサーにかけた後は、鍋で煮ます。厚手で深さのあるものが向いています。

この本の使い方

●出来上がりは、ごはん茶碗に２杯分程度を目安にしています。

●１カップは200ml、大さじは15ml、小さじは5mlです。

●煮る時間、水の量などは、食材やコンロの火の状態などでちがってきますので、あくまで目安としてください。好みやその日の体調に合わせて、調整してください。

おかゆのテイクアウト

おかゆ大国・韓国では、ヘルシーフードとして日常的に食べられているおかゆ。街にはチェーン店も含め、たくさんのおかゆ専門店があります。日本で言えば、おにぎり屋さんくらいにポピュラーです。特に人気があるのは、あわびのおかゆ。他にも松の実やかぼちゃなど、韓国の伝統的な味わいのおかゆは、とにかく種類が豊富。
最近は、おかゆ屋さんでテイクアウトする人も増えています。専用の深い密閉容器に入れてくれるので、持ちはこんでも大丈夫。家に帰って、容器ごとレンジにかけたり、鍋に移してあたためなおしたりするだけで、手軽に専門店の味を楽しむことができます。独特の製法で調理されているので、時間がたっても、おいしく食べることができます。

疲れた体を癒すおかゆ

何かと忙しい毎日。なかなか自分の体を休ませてあげられないものです。そんな日が続いたら、おかゆでほっこり。体をあたためて、ぐっすり眠れば、心も体もリラックス。

体の芯からあたたまりたい

しょうがとねぎのおかゆ　米からつくる

米…… 1/2 カップ
ごま油……小さじ 2
しょうが（みじん切り）
……大さじ 1
ねぎ（みじん切り）……大さじ 2
わけぎ（小口切り）……大さじ 1
水……４カップ
塩……適量

つくり方
❶米は洗って水（分量外）に30 分ほどつけ、ざるに上げて水をきります。
❷ごま油を鍋にひき、しょうがとねぎを入れてさっと炒めます。
❸❶を加えて中火で 2 分ほど炒めます。
❹ごま油が米になじんだら、水を注ぎます。
❺鍋を強火にかけ、煮たったら中火にします。
❻ふたをして、時々混ぜながら 15 分ほど煮ます。
❼塩を加えて味を調えます。
❽器に盛り、わけぎを散らします。

しょうがの辛み成分ジンロゲンと、ねぎの香り成分アリシン。どちらも血行を促進し、体をあたためる作用があります。熱々のおかゆに加えれば、汗が出るほどぽかぽかに。常備食材だけでつくれる手軽なおかゆです。

他にもこんな時に
脱！夏バテ

キムチのおかゆ

ごはんからつくる

ごま油……大さじ１
キムチ……20g
ごはん……茶碗 1/2
だし汁（煮干し）……３カップ
卵……１個
にんにく（みじん切り）
……小さじ 1/2
塩……適量

つくり方
❶ごま油を鍋にひき、キムチを入れてさっと炒めます。
❷ごはんを加え、だし汁を注ぎます。
❸鍋を強火にかけ、煮たったら弱火にします。
❹ふたをして、ごはんがやわらかくなるまで煮ます。
❺溶き卵をまわしかけ、にんにくを散らします。
❻火を止めてふたをします。
❼卵が好みのかたさになったら、塩を加えて味を調えます。

キムチは、ビタミン豊富な発酵食品。唐辛子の辛み成分カプサイシンは、脂肪を燃焼し、代謝をアップさせるとともに、体を内側からあたためてくれます。

他にもこんな時に
風邪のひきはじめに
すべすべお肌のために
快適デトックス！

朝までぐっすり眠りたい

ミルクのおかゆ

ミキサーでつくる

米……1/4カップ
水……１カップ
牛乳……２カップ
塩……適量

つくり方

❶米は洗って水（分量外）に30分ほどつけ、ざるに上げて水をきります。

❷❶と水をミキサーにかけます。

❸❷を漉します。

❹❸を鍋に入れ、時々混ぜながら、２～３分煮ます。

❺牛乳を❹に少しずつ加え、混ぜながら、弱火でとろみがつくまであたためます。

❻塩を加えて味を調えます。

寝つけない夜が続いたら、スープのようなおかゆでほっとひと息ついてからベッドへ。牛乳には、安眠に効果的なセロトニンの生成を助ける成分が含まれています。また、カルシウムには、ストレスをやわらげる働きがあるので、気持ちが落ちつきます。

他にもこんな時に

つらい便秘が続いたら
丈夫な骨をつくる
血をさらさらに

セロリのおかゆ

ごはんからつくる

セロリ…… 1/4 本
セロリの葉……適量
ごはん……茶碗 1/2
水……3カップ
塩……適量

つくり方
❶セロリはみじん切りにします。
❷セロリの葉はせん切りにします。
❸ごはんと❶を鍋に入れ、水を注ぎます。
❹鍋を強火にかけ、煮たったら弱火にします。
❺ふたをして、ごはんがやわらかくなるまで煮ます。
❻塩を加えて味を調えます。
❼器に盛り、❷を散らします。

疲れているのに、なぜか目がさえて眠れない……。そんな時は気を鎮めてリラックス。セロリ独特の香りは、アピインという精油成分で、精神を安定させる効果があり、イライラや頭痛などの症状をおさえてくれます。不眠にも効果的。葉の部分にも栄養が多いので、捨てずに活用しましょう。

他にもこんな時に
胃をすっきりラクに
つらい便秘が続いたら
血をさらさらに

グリンピースのおかゆ

ごはんからつくる

ごはん……茶碗 1/2
グリンピース（缶詰）……40g
だし汁（昆布）……3カップ
塩……適量

つくり方

❶ごはんとグリンピースを鍋に入れ、だし汁を注ぎます。
❷鍋を強火にかけ、煮たったら弱火にします。
❸ふたをして、ごはんがやわらかくなるまで煮ます。
❹塩を加えて味を調えます。

グリンピースには、ビタミンが豊富に含まれていて、ストレス解消に役立ちます。たんぱく質も豊富で栄養価も高いので、おかゆ一杯で夕食を軽くすませることもできそう。豆のほっこり感で、心を満たして、ゆったり夜を迎えましょう。

他にもこんな時に

つらい便秘が続いたら
血圧を正常に

目が疲れたら

くこの実のおかゆ　米からつくる

米……1/2 カップ
くこの実……20g
ごま油……小さじ 2
水…… 4 カップ
塩……適量

つくり方

❶米は洗って水（分量外）に30 分ほどつけ、ざるに上げて水をきります。
❷くこの実は洗って水をきります。
❸ごま油を鍋にひき、❶を入れて中火で 2 分ほど炒めます。
❹ごま油が米になじんだら、水を注ぎます。
❺鍋を強火にかけ、煮たったら中火にします。
❻ふたをして、時々混ぜながら 15 分ほど煮ます。
❼❷を加えて軽く煮ます。
❽塩を加えて味を調えます。

古くから滋養強壮の食材として、薬膳に欠かせないくこの実は、ナス科の落葉樹くこの赤い実。そのまま食べることもできますが、おかゆに加えるとおいしい一品になります。疲れ目は、めまいや頭痛、肩こりの原因にもなるので、早めの手当を。

他にもこんな時に
朝までぐっすり眠りたい
すべすべお肌のために

脱！夏バテ

とりのおかゆ

ごはんからつくる

とり肉は、体をあたため、消化器官の働きをよくする食材です。夏バテ気味で食欲がない時に、思いきり汗をかきながらおかゆを食べれば、活力がわいてきます。

他にもこんな時に
体の芯からあたたまりたい
産後の体を元気に

ごはん……茶碗 1/2
とりスープ（P.11 参照）……３カップ
とり肉（スープで使ったもの）
……適量
塩……適量
長ねぎ（みじん切り）……小さじ１

つくり方
❶ごはんを鍋に入れ、スープを注ぎます。
❷鍋を強火にかけ、煮たったら弱火にします。
❸ふたをして、ごはんがやわらかくなるまで煮ます。
❹とり肉を加えてあたためます。
❺塩を加えて味を調えます。
❻器に盛り、長ねぎを散らします。

病後を元気に過ごす

松の実のおかゆ

ミキサーでつくる

不老長寿の食材として名高い、松の実を使ったおかゆ。たんぱく質が豊富で滋養強壮に効くので、病人食にも向いています。脂肪を多く含みますが、松の実の脂は消化吸収が早いので、胃に負担がかかりません。薄味でやさしい味わいのおかゆです。

他にもこんな時に
コレステロールを下げる

米……1/4 カップ
松の実……1/4 カップ
水……３カップ
塩……適量

つくり方

❶米は洗って水（分量外）に 30 分ほどつけ、ざるに上げて水をきります。
❷松の実は先の白い部分をとります。
❸❶と水２カップをミキサーにかけます。
❹❸を漉します。
❺❷はトッピング用に少し残し、残りは水１カップと一緒にミキサーにかけます。
❻❺を漉します。
❼❹を鍋に入れ、時々混ぜながら、２～３分煮ます。
❽❻を❼に少しずつ加え、混ぜながら、弱火でとろみがつくまであたためます。
❾塩を加えて味を調えます。
❿器に盛り、松の実を散らします。

豆腐のおかゆ

米からつくる

米……1/2 カップ
豆腐……100g
ごま油……小さじ 2
水……４カップ
塩……適量

つくり方

❶米は洗って水（分量外）に30 分ほどつけ、ざるに上げて水をきります。
❷豆腐はさいのめに切ります。
❸ごま油を鍋にひき、❶を入れて中火で２分ほど炒めます。
❹ごま油が米になじんだら、水を注ぎます。
❺鍋を強火にかけ、煮たったら中火にします。
❻ふたをして、時々混ぜながら 15 分ほど煮ます。
❼❷を加えて軽く煮ます。
❽塩を加えて味を調えます。

豆腐は、良質な植物たんぱく質が豊富。消化吸収しやすいたんぱく質なので、胃に負担がかからない食材です。食欲が落ちてしまいがちな病後にも、豆腐のおかゆなら、少しの量で栄養補給が可能。豆腐は水分を多く含んでいるので、弱った体が脱水状態になるのを防ぎます。

他にもこんな時に

いつでもおいしく食べたい
血をさらさらに

あわびのおかゆ

米からつくる

米……1/2カップ
あわび……1個
ごま油……小さじ2
だし汁（昆布）……4カップ
塩……適量

つくり方

❶米は洗って水（分量外）に30分ほどつけ、ざるに上げて水をきります。
❷あわびは殻を洗い、包丁で身をとりだします。内臓をとりのぞき、薄切りにします。
❸ごま油を鍋にひき、❷を入れてさっと炒めます。
❹❶を加えて中火で2分ほど炒めます。
❺ごま油が米になじんだら、だし汁を注ぎます。
❻鍋を強火にかけ、煮たったら中火にします。
❼ふたをして、時々混ぜながら15分ほど煮ます。
❽塩を加えて味を調えます。

注意!
4～5月はあわびの産卵期。この時季のあわびは内臓に毒性があると言われているので、避けましょう。

メモ
仕上げに、卵黄や刻みのり、松の実などをトッピングするのもおすすめ。あわびの肝を一緒に煮こめば、濃厚なおいしさになります。

おかゆをよく食べる韓国人のあいだでも特に人気なのが、あわびのおかゆ。あわびには、ミネラルやビタミン、疲労回復に効くタウリンが豊富。ごま油の香りが香ばしく、あわびの食感も楽しめる、贅沢でおいしさ抜群のおかゆです。病後の体に力を与えてくれます。

他にもこんな時に
目が疲れたら
産後の体を元気に

おかゆを上手に保存する

おかゆを鍋の中に残しておくと、ごはんがすぐに水分を吸って、ベチャッとしてしまうので、おかゆはつくりたてを食べるのが一番。
でも、食べたい時にいつでも食べられるように……と思ったら、冷凍保存が便利。おいしさの点では、出来たてにはかないませんが、手軽さ抜群。
ポイントは、できるだけ早く凍らせてしまうことです。粗熱がとれたら、冷凍用のポリ袋に１食分ずつ入れて、空気をしっかりと抜きます。解凍ムラができないように、できるだけ平らに、かつ薄くしてから、冷凍保存します。
解凍する時には、冷凍庫から出したらすぐに電子レンジで解凍。食材や味をたす時には、解凍してから、小鍋に移して調理します。

元気な体をつくるおかゆ

風邪をひいたかな、食欲がないな……医者に行くほどではないけれど、ちょっと調子が悪いなと思ったら、クスリに頼る前に、体調を整える食材が入ったおかゆがおすすめです。

風邪のひきはじめに

しょうがとなつめのおかゆ

ごはんからつくる

しょうが……2片
なつめ……2個
ごはん……茶碗 1/2
水……3カップ

つくり方
❶しょうがはすりおろし、しぼります。
❷なつめは洗って、千切りにします。
❸ごはんを鍋に入れ、水を注ぎます。
❹鍋を強火にかけ、煮たったら弱火にします。
❺ふたをして、ごはんがやわらかくなるまで煮ます。
❻❶と❷を加えて軽く煮ます。

シナモンのおかゆ

ごはんからつくる

ごはん……茶碗 1/2
水……3カップ
シナモン……小さじ1
塩、三温糖……適量

つくり方
❶ごはんを鍋に入れ、水を注ぎます。
❷鍋を強火にかけ、煮たったら弱火にします。
❸ふたをして、ごはんがやわらかくなるまで煮ます。
❹火を止めてシナモンを振りかけます。
❺塩と三温糖を加えて味を調えます。

しょうがとなつめのおかゆ

しょうがの辛み成分のひとつ、ジンロゲンは血行を促進し、体をあたためる効能があります。風邪のひきはじめに食べると、体をぽかぽかとあたためて、悪化するのを防いでくれます。滋養強壮の薬効で知られるなつめを加えると、血行もよくなって元気が出ます。

他にもこんな時に

体の芯からあたたまりたい
いつでもおいしく食べたい

シナモンのおかゆ

シナモンは、クスノキ科の木の樹皮を乾燥させた香辛料で、体をあたため、抗菌、沈痛作用などが期待できます。独特の香りでリラックス！

他にもこんな時に

朝までぐっすり眠りたい
つらい頭痛に
手足や腰の痛みをラクに

豆もやしのおかゆ

ごはんからつくる

豆もやしには、豆が発芽することによって生成されたビタミンCが豊富に含まれています。豆のたんぱく質も加わって、栄養価も満点。豆もやしと好相性のキムチを加えれば、体がぽかぽかあたたまります。

他にもこんな時に

体の芯からあたたまりたい
つらい便秘が続いたら
血圧を正常に

豆もやし……100g
ごま油……大さじ１
ごはん……茶碗 1/2
だし汁（煮干し）…… ３カップ
キムチ…… 20g
にんにく（みじん切り）……小さじ１

つくり方

❶豆もやしはひげ根をとり、洗って水をきります。

❷ごま油を鍋にひき、❶を入れてさっと炒めます。

❸ごはんを加え、だし汁を注ぎます。

❹鍋を強火にかけ、煮たったら弱火にします。

❺ふたをして、ごはんがやわらかくなるまで煮ます。

❻キムチとにんにくを加えて軽く煮ます。

にらのおかゆ

ごはんからつくる

にらは、カロテンやビタミン類を豊富に含む、スタミナ野菜の代表選手。血行をよくして体をあたためる温性野菜なので、ゾクッときた時に食べると効果があります。粘膜や皮膚を丈夫にするカロテンの働きで、のどや鼻の粘膜を守ってくれます。日常的に食べれば、抵抗力をつけることができます。

他にもこんな時に

体の芯からあたたまりたい
二日酔いの朝に
血をさらさらに
血圧を正常に

にら…… 30g
ごはん…… 茶碗 1/2
だし汁（昆布）…… 3カップ
卵…… 1個
塩…… 適量

つくり方

❶にらは2cmに切ります。
❷ごはんを鍋に入れ、だし汁を注ぎます。
❸鍋を強火にかけ、煮たったら弱火にします。
❹ふたをして、ごはんがやわらかくなるまで煮ます。
❺❶を加えて、溶き卵をまわしかけます。
❻火を止めてふたをします。
❼卵が好みのかたさになったら、塩を加えて味を調えます。

咳が止まらない時に

ねぎのおかゆ　ごはんからつくる

ねぎ……1本
ねぎの根元……1本分
だし汁（昆布）……4カップ
ごはん……茶碗 1/2
塩……適量

つくり方
❶ねぎは輪切りにします。
❷ねぎの根元は洗ってから鍋に入れ、だし汁を注ぎます。
❸鍋を強火にかけ、煮たったら、しばらく煎じます。
❹だし汁が少し煮つまったら、ねぎの根元をとりだし、ごはんを加えます。
❺再び煮たったら弱火にします。
❻ふたをして、ごはんがやわらかくなるまで煮ます。
❼❶を加えて軽く煮ます。
❽塩を加えて味を調えます。

咳が止まらない時は、焼いたねぎをガーゼに包んでのどに巻く、というおばあちゃんの知恵はよく知られています。ねぎの香りのもと、アリシンは、風邪の諸症状の緩和に効果的。体をあたため、気管支などの炎症をおさえてくれます。ねぎの根元を煮こむのは、薬膳的なつくり方。煎じることで、成分が凝縮され、効能が高まります。

他にもこんな時に
風邪のひきはじめに
のどがイガイガしてきたら

ピーナッツのおかゆ

ミキサーでつくる

米…… 1/4 カップ
ピーナッツ（皮なし）
……1/4 カップ
水………3 カップ
塩……適量

つくり方

❶米は洗って水（分量外）に30 分ほどつけ、ざるに上げて水をきります。
❷❶と水２カップをミキサーにかけます。
❸❷を漉します。
❹ピーナッツは細かく刻みます。
❺❹はトッピング用に少し残し、残りは水１カップと一緒にミキサーにかけます。
❻❺を漉します。
❼❸を鍋に入れ、時々混ぜながら、２～３分煮ます。
❽❻を❼に少しずつ加え、混ぜながら、弱火でとろみがつくまであたためます。
❾塩を加えて味を調え、ピーナッツをのせていただきます。

ピーナッツは痰を切り、から咳をおさえると言われています。ピーナッツの滋味がしっかり感じられ、それでいて消化もいいので、栄養補給にもよいおかゆです。また、オレイン酸やリノール酸は良質な脂質で、生活習慣病の予防にも効果があります。

他にもこんな時に

病後を元気に過ごす
血をさらさらに
血圧を正常に

のどがイガイガしてきたら

ごはん……茶碗 1/2
水……3カップ
梨……500g

つくり方

❶ごはんを鍋に入れ、水を注ぎます。
❷鍋を強火にかけ、煮たったら弱火にします。
❸ふたをして、ごはんがやわらかくなるまで煮ます。
❹梨はすりおろします。
❺❹を鍋に加えて軽く煮ます。

梨の水分がイガイガするのどを、やさしくうるおしてくれるおかゆです。梨には熱をさまし、痰をきる効能があると言われています。おかゆに果物という意外な組みあわせですが、おどろきのおいしさです。

他にもこんな時に
風邪のひきはじめに
咳が止まらない時に

苦しい鼻づまりに

ほうじ茶……大さじ2
ごはん……茶碗 1/2
水……3カップ
塩……適量

つくり方

❶ほうじ茶は茶袋に入れます。
❷ごはんを鍋に入れ、水を注ぎます。
❸鍋を強火にかけ、煮たったら❶を加えます。
❹お茶の色が出たら、❶をとりだし、弱火にします。
❺ふたをして、ごはんがやわらかくなるまで煮ます。
❻塩を加えて味を調えます。

鼻のとおりをよくするには、鼻をあたためたほうがよいようです。ほうじ茶のおかゆなら、おかゆを煮ながら、そして食べながら、あたたかいお茶の湯気を鼻からとりこむことができます。また、お茶に多く含まれるカテキンは、鼻の粘膜を強くするのに効果的です。

他にもこんな時に
のどがイガイガしてきたら

胃をすっきりラクに

じゃがいものおかゆ

ごはんからつくる

じゃがいもに含まれるビタミンCは、加熱しても損失が少ないのが特徴で、胃や腸の粘膜を強くしてくれます。カリウムも豊富なので、塩分過多になりがちな体内のバランスを整えます。外食続きで疲れた胃にやさしい、消化のいいおかゆです。

他にもこんな時に
すべすべお肌のために
血圧を正常に

じゃがいも……1個
玉ねぎ……1/4個
ごはん……茶碗1/2
だし汁（煮干し）……3カップ
塩……適量

つくり方

❶じゃがいもは1.5cm角に切り、水（分量外）にさらしてから、水をきります。
❷玉ねぎはみじん切りにします。
❸ごはんと❶、❷を鍋に入れ、だし汁を注ぎます。
❹鍋を強火にかけ、煮たったら弱火にします。
❺ふたをして、ごはんがやわらかくなるまで煮ます。
❻塩を加えて味を調えます。

二日酔いの朝に

緑茶のおかゆ

ごはんからつくる

緑茶……大さじ2
ごはん……茶碗 1/2
水……3カップ
塩……適量

つくり方
❶緑茶は茶袋に入れます。
❷ごはんを鍋に入れ、水を注ぎます。
❸鍋を強火にかけ、煮たったら❶を加えます。
❹お茶の色が出たら、❶をとりだし、弱火にします。
❺ふたをして、ごはんがやわらかくなるまで煮ます。
❻塩を加えて味を調えます。

しじみのおかゆ

米からつくる

米……1/2 カップ
しじみ（砂抜き）……200g
にら……30g
水……4カップ
ごま油……小さじ2
塩……適量

つくり方
❶米は洗って水（分量外）に30 分ほどつけ、ざるに上げて水をきります。
❷しじみは流水でよく洗います。
❸にらは1cm に切ります。
❹❷を鍋に入れ、水2カップを注ぎます。
❺鍋を強火にかけ、煮たったらアクをすくいます。
❻しじみの口が開いたら、とりだし、煮汁を漉します。
❼ごま油を鍋にひき、❶を入れて中火で2分ほど炒めます。
❽ごま油が米になじんだら、煮汁と水2カップを注ぎます。
❾鍋を強火にかけ、煮たったら中火にします。
❿ふたをして、時々混ぜながら 15 分ほど煮ます。
⓫❸としじみを加えて軽く煮ます。
⓬塩を加えて味を調えます。

緑茶のおかゆ

二日酔いには緑茶、とよく言われます。これは、緑茶のもつカフェインやビタミンCの効能によるもの。カフェインには覚醒作用、利尿効果があるので、酔いをさまし、体内の有害物質を排出しやすくします。またビタミンCは、二日酔いの原因のアセトアルデヒドの分解を促します。ごはんと一緒にしっかり煮だすのがポイント。

他にもこんな時に
むくみをとりたい
コレステロールを下げる
血をさらさらに
血圧を正常に

しじみのおかゆ

しじみにはタウリンが多く含まれているので、肝臓の働きを強くします。また、悪玉アセトアルデヒドを解毒する作用もあるので、飲みすぎた体を素早くリセット。しじみの旬は冬ですが、「土用しじみは腹薬」とも言われ、夏にも旬があるとされています。しじみの煮汁で米を煮るうまみ満点のおかゆです。

他にもこんな時に
貧血防止

いつでもおいしく食べたい

かきと大根のおかゆ

米からつくる

「海のミルク」と呼ばれる栄養豊富なかき。ビタミンやミネラルを多く含んでいます。タウリンは、体内の殺菌にも効果大。かきは、一緒に食べるものの消化を助ける働きもあります。大根は、ジアスターゼなどの消化酵素が豊富なので、胃の調子が悪い時に有効です。

他にもこんな時に
病後を元気に過ごす
胃をすっきりラクに

米……1/2 カップ
大根……50g
かき（加熱用）……80g
ごま油……小さじ 2
水……４カップ
塩……適量
こしょう……少々

つくり方

❶米は洗って水（分量外）に 30 分ほどつけ、ざるに上げて水をきります。
❷大根は皮をむき、３cm の拍子切りにします。
❸かきは塩水（分量外）で洗い、ざるに上げて水をきります。
❹ごま油を鍋にひき、❸を入れてさっと炒めます。
❺❶を加えて中火で２分ほど炒めます。
❻ごま油が米になじんだら、水を注ぎ、❷を加えます。
❼鍋を強火にかけ、煮たったら中火にします。
❽ふたをして、時々混ぜながら 15 分ほど煮ます。
❾塩とこしょうを加えて味を調えます。

貧血防止

ほうれんそうと
あさりのおかゆ

米からつくる

あさりとほうれんそうには、貧血防止に欠かせないミネラルが豊富に含まれています。あさりには、疲労回復、体力増強の助けとなるタウリンも含まれているので、貧血気味で力がわかない時に、元気をくれる食材です。貝の煮汁は面倒でも漉したほうが、口あたりがよくなります。

他にもこんな時に
病後を元気に過ごす
つらい頭痛に
コレステロールを下げる
血をさらさらに

米……1/2 カップ
あさり（砂抜き）……200g
ほうれんそう……30g
水……４カップ
ごま油……小さじ２
塩……適量

つくり方

❶米は洗って水（分量外）に30 分ほどつけ、ざるに上げて水をきります。
❷あさりは流水でよく洗います。
❸ほうれんそうは下ゆでし、水をきって１cm に切ります。
❹❷を鍋に入れ、水２カップを注ぎます。
❺鍋を強火にかけ、煮たったらアクをすくいます。
❻あさりの口が開いたら、とりだし、煮汁を漉します。
❼ごま油を鍋にひき、❶を入れて中火で２分ほど炒めます。
❽ごま油が米になじんだら、煮汁と水２カップを注ぎます。
❾鍋を強火にかけ、煮たったら中火にします。
❿ふたをして、時々混ぜながら 15 分ほど煮ます。
⓫❸とあさりを加えて軽く煮ます。
⓬塩を加えて味を調えます。

プルーンのおかゆ

米からつくる

米……1/2カップ
プルーン（ドライ）……4個
ごま油……小さじ2
水……4カップ

つくり方
❶米は洗って水（分量外）に30分ほどつけ、ざるに上げて水をきります。
❷プルーンはひと口大に切ります。
❸ごま油を鍋にひき、❶を入れて中火で2分ほど炒めます。
❹ごま油が米になじんだら、水を注ぎます。
❺鍋を強火にかけ、煮たったら中火にします。
❻ふたをして、時々混ぜながら15分ほど煮ます。
❼❷を加えて軽く煮ます。

パセリのおかゆ

米からつくる

米……1/2カップ
パセリ（みじん切り）……大さじ2
ごま油……小さじ3
塩……適量
白いりごま……小さじ1
水……4カップ

つくり方
❶米は洗って水（分量外）に30分ほどつけ、ざるに上げて水をきります。
❷パセリはごま油小さじ1であえ、塩と白いりごまを加えて混ぜます。
❸ごま油を鍋にひき、❶を入れて中火で2分ほど炒めます。
❹ごま油が米になじんだら、水を注ぎます。
❺鍋を強火にかけ、煮たったら中火にします。
❻ふたをして、時々混ぜながら15分ほど煮ます。
❼塩を加えて味を調えます。
❽器に盛り、❷をのせます。

プルーンのおかゆ

プルーンは西洋すももの一種で、古くから薬効のある果実とされています。乾燥したプルーンは、生のものよりずっと栄養価が高く、中でも鉄分が豊富。鉄分の吸収を助けるビタミンCも多く含まれているので、鉄分を効果的にとりこむことができます。整腸作用も期待できるので、日常的に食べるとおなかもすっきり。

他にもこんな時に

つらい便秘が続いたら
血圧を正常に

パセリのおかゆ

鉄分やミネラルを含むパセリは、貧血の予防や美肌づくりなど、女性の強い味方。料理の付けあわせとして食べるのが一般的ですが、ここでは、ごま油であえたサラダ感覚のパセリをおかゆにトッピング。

他にもこんな時に

風邪のひきはじめに
いつでもおいしく食べたい
すべすべお肌のために

つらい頭痛に

ごぼうのおかゆ　ごはんからつくる

ごぼう……80g
人参……20g
なつめ……２個
ごはん……茶碗 1/2
水……3 カップ
塩……適量

つくり方
❶ごぼうはささがきにして、水（分量外）にさらしてから、水をきります。
❷人参は千切りにします。
❸なつめは洗って、半分に切ります。
❹ごはんと❶、❷を鍋に入れ、水を注ぎます。
❺鍋を強火にかけ、煮たったら弱火にします。
❻ふたをして、ごはんがやわらかくなるまで煮ます。
❼❸を加えて軽く煮ます。
❽塩を加えて味を調えます。

頭痛の原因のひとつは、マグネシウム不足。ごぼうにはマグネシウムが多く含まれているので、頭痛対策に効果あり。消炎効果のあるなつめに、いろどりの人参も加えて、食べやすいおかゆに仕上げました。

他にもこんな時に
つらい便秘が続いたら

ほうれんそうのおかゆ

ごはんからつくる

ほうれんそう……50g
ごはん……茶碗 1/2
だし汁（煮干し）……3 カップ
みそ……大さじ 1
にんにく（みじん切り）…小さじ 1

つくり方

❶ほうれんそうは下ゆでし、水をきって2cmに切ります。
❷ごはんを鍋に入れ、だし汁を注ぎます。
❸鍋を強火にかけ、煮たったら弱火にし、みそを加えます。
❹ふたをして、ごはんがやわらかくなるまで煮ます。
❺❶を加えて軽く煮て、にんにくを加えます。

ほうれんそうには、偏頭痛に効果的とされるマグネシウムが多く含まれています。ほうれんそうだけだと青くさくなるので、みそ汁風にし、にんにくも加えると、コクが出ます。頭痛にはストレスが大敵なので、消化のよいおかゆでほっとひと息つけば、明日の元気につながります。

他にもこんな時に

風邪のひきはじめに
貧血防止
丈夫な骨をつくる
血をさらさらに
血圧を正常に

手足や腰の痛みをラクに

かぼちゃと小豆のおかゆ

ごはんからつくる

小豆……1/4 カップ
かぼちゃ……50g
ごはん……茶碗 1/2
水……3 カップ
塩、三温糖……適量

つくり方

❶小豆は洗って鍋に入れ、たっぷりの水（分量外）でゆでておきます。
❷かぼちゃは皮と種をとりのぞき、ひと口大に切ります。
❸ごはんと❷を鍋に入れ、水を注ぎます。
❹鍋を強火にかけ、煮たったら弱火にします。
❺ふたをして、ごはんがやわらかくなるまで煮ます。
❻❶を加えて軽く煮ます。
❼塩と三温糖を加えて味を調えます。

手足のしびれや腰痛には、冷えが大敵。かぼちゃも小豆も血行をよくし、体をあたためる食材なので、こりや痛み対策には効果があります。また、小豆に含まれるビタミンBには、体にたまった疲労物質、乳酸をとりのぞく働きがあり、痛みの改善にも期待大。ほんのり甘くて、おやつにもぴったりのおかゆです。

他にもこんな時に
体の芯からあたたまりたい
肩こりをすっきり
つらい便秘が続いたら
すべすべお肌のために
むくみをとりたい

わかめと ちりめんじゃこのおかゆ

米からつくる

米……1/2 カップ
わかめ（乾燥）……小さじ1
ごま油……小さじ2
ちりめんじゃこ……大さじ2
水……４カップ
塩……適量

つくり方

❶米は洗って水（分量外）に30分ほどつけ、ざるに上げて水をきります。
❷わかめは水（分量外）で戻し、水をきって細かく切ります。
❸ごま油を鍋にひき、❷を入れて中火で２分ほど炒めます。
❹ごま油が米になじんだら、ちりめんじゃこを加えてさっと炒め、水を注ぎます。
❺鍋を強火にかけ、煮たったら中火にします。
❻ふたをして、時々混ぜながら15分ほど煮ます。
❼❷を加えて軽く煮ます。
❽塩を加えて味を調えます。

「海の有機野菜」とも言われるわかめには、カルシウムに加えて、ビタミンKという骨の健康を維持する成分が多く含まれています。ちりめんじゃこも一緒に煮ると、だしが出ておいしさアップ。わかめやじゃこは、他にもいろいろな効能があるヘルシー食材なので、毎日の食卓の定番にしたいものです。

他にもこんな時に
貧血防止
つらい便秘が続いたら
美しい髪をつくる
丈夫な骨をつくる
コレステロールを下げる
血をさらさらに

肩こりをすっきり

モロヘイヤのおかゆ

ごはんからつくる

モロヘイヤ（葉の部分）……60g
ごはん……茶碗 1/2
だし汁（煮干し）……３カップ
みそ……大さじ１
塩……適量
にんにく（みじん切り）
……小さじ１

つくり方
❶モロヘイヤは、下ゆでし、水をきって２cm に切ります。
❷ごはんを鍋に入れ、だし汁を注ぎます。
❸鍋を強火にかけ、煮たったら弱火にし、みそを加えます。
❹ふたをして、ごはんがやわらかくなるまで煮ます。
❺❶を加えて軽く煮ます。
❻塩を加えて味を調え、にんにくを加えます。

梅としそのおかゆ

米からつくる

米……1/2 カップ
梅干し……20g
しそ……４枚
ごま油……小さじ２
水……４カップ
塩……適量

❶米は洗って水（分量外）に 30 分ほどつけ、ざるに上げて水をきります。
❷梅干しは種をとりのぞき、実を包丁でたたきます。
❸しそは千切りにします。
❹ごま油を鍋にひき、❶を入れて中火で２分ほど炒めます。
❺ごま油が米になじんだら、水を注ぎます。
❻鍋を強火にかけ、煮たったら中火にします。
❼ふたをして、時々混ぜながら 15 分ほど煮ます。
❽塩を加えて味を調えます。
❾器に盛り、❷と❸をのせます。

メモ
塩分の強い梅干しを使う場合は、さっと水で流してから使ったほうがいいでしょう。

モロヘイヤのおかゆ

モロヘイヤは、アラビア語で「野菜の王様」。古代エジプト王が重病の時、モロヘイヤのスープを飲んで回復したことからそう呼ばれてきました。血行をよくするビタミンC、疲労物質、乳酸を代謝させるビタミンBが豊富なので、肩こりをほぐします。モロヘイヤのとろみで冷めにくいおかゆです。

他にもこんな時に

目が疲れたら
風邪のひきはじめに
つらい便秘が続いたら
コレステロールを下げる
血をさらさらに

梅としそのおかゆ

疲労物質がたまって筋肉がかたくなることを「こり」といいます。梅干しに含まれるクエン酸は、疲労物質である乳酸の生成をおさえ、しそに含まれるカロテンやビタミンBは血行の改善や乳酸の代謝に効果あり。

他にもこんな時に

風邪のひきはじめに
二日酔いの朝に
つらい下痢が続いたら
アトピー予防に
血をさらさらに

つらい下痢が続いたら

梅のおかゆ　ごはんからつくる

梅干し……20g
水……３カップ
ごはん……茶碗 1/2
三温糖……適量

つくり方

❶梅干しはさっと洗ってから、鍋に入れ、水２カップを注ぎます。
❷鍋を強火にかけ、水の量が半分くらいになるまで煮ます。
❸ごはんを加え、水１カップを注ぎます。
❹煮たったら弱火にします。
❺ふたをして、ごはんがやわらかくなるまで煮ます。
❻三温糖を加えて味を調えます。

メモ

梅干しは、はちみつ漬けなどではなく、塩味のものを使います。

梅の酸には殺菌効果があるので、昔から、下痢や腹痛時のお助け役として活躍してきました。さっぱりとして食べやすいので、食欲が落ちる蒸し暑い時季にぴったりのおかゆです。

他にもこんな時に

脱！夏バテ
二日酔いの朝に
肩こりをすっきり

やまいものおかゆ

米からつくる

米……1/2 カップ
ごま油……小さじ 2
水……４カップ
塩……少々
やまいも……100g
長ねぎ（みじん切り）
……小さじ 1
白いりごま……適量
しょうゆ……適量

つくり方

❶米は洗って水（分量外）に30 分ほどつけ、ざるに上げて水をきります。
❷ごま油を鍋にひき、❶を入れて中火で２分ほど炒めます。
❸ごま油が米になじんだら、水を注ぎます。
❹鍋を強火にかけ、煮たったら中火にします。
❺ふたをして、時々混ぜながら15 分ほど煮ます。
❻塩を加えて味を調えます。
❼やまいもをすりおろします。
❽器に盛り、❼をかけ、長ねぎと白ごまを散らします。
❾しょうゆをかけて、混ぜながらいただきます。

自然薯や長いも、大和いもなど、やまいもにはいろいろな種類がありますが、どれも消化酵素のジアスターゼが豊富なので、整腸作用が期待できます。下痢が激しい時には食事を控え、おさまってきたらやまいものおかゆを少しずつ食べるとよいでしょう。

他にもこんな時に

胃をすっきりラクに
いつでもおいしく食べたい
血圧を正常に

つらい便秘が続いたら

れんこんのおかゆ

米からつくる

れんこんの食物繊維は水に溶けないので、少量でもスムーズな便通を助けます。すりおろすと出る粘りは、ムチンという成分。ムチンには、胃腸の粘膜を保護し、炎症をおさえる効果があります。

他にもこんな時に
むくみをとりたい
血圧を正常に

米……1/2 カップ
れんこん……100g
酢水……適量
ごま油……小さじ 2
水……４カップ
塩……適量

つくり方
❶米は洗って水（分量外）に 30 分ほどつけ、ざるに上げて水をきります。
❷れんこんは皮をむき、酢水にさらしてから、すりおろします。
❸ごま油を鍋にひき、❶を入れて中火で２分ほど炒めます。
❹ごま油が米になじんだら、水を注ぎます。
❺鍋を強火にかけ、煮たったら中火にします。
❻ふたをして、時々混ぜながら 15 分ほど煮ます。
❼❷を加えて軽く煮ます。
❽塩を加えて味を調えます。

さつまいもは、便秘の悩みを解決してくれる定番食材。たっぷりの食物繊維が整腸作用を高めてくれます。主成分はでんぷんですが、カロリーは米より低く、ビタミンCも豊富なので、美容効果も期待できるおかゆです。

他にもこんな時に
すべすべお肌のために
血圧を正常に

さつまいものおかゆ

ごはんからつくる

さつまいも……50g
ごはん……茶碗 1/2
だし汁（昆布）……3カップ
塩、三温糖……適量

つくり方
❶さつまいもは 1.5cm 角に切り、水（分量外）にさらしてから、水をきります。
❷ごはんと❶を鍋に入れ、だし汁を注ぎます。
❸鍋を強火にかけ、煮たったら弱火にします。
❹ふたをして、ごはんがやわらかくなるまで煮ます。
❺塩と三温糖を加えて味を調えます。

人に言えないトイレの悩みに

米……1/4カップ
とうもろこし（缶詰）
……1/2缶（95g）
水……3カップ
塩……適量

つくり方

❶米は洗って水（分量外）に30分ほどつけ、ざるに上げて水をきります。
❷❶と水2カップをミキサーにかけます。
❸❷を漉します。
❹とうもろこしと水1カップをミキサーにかけます。
❺❹を漉します。
❻❸を鍋に入れ、時々混ぜながら、2～3分煮ます。
❼❺を❻に少しずつ加え、混ぜながら、弱火でとろみがつくまであたためます。
❽塩を加えて味を調えます。

残尿感がある、ひんぱんに通いたくなるなど、トイレの悩みがあると、毎日がゆううつになってしまうもの。そんな時には、カリウム豊富で、利尿作用があるとうもろこしのおかゆがおすすめ。ミキサーにかけてつくるので、とろみのあるスープ風おかゆに仕上がります。夏は、生のとうもろこしでつくるとよりおいしくなります。

他にもこんな時に
つらい便秘が続いたら
むくみをとりたい

子どものおねしょに

ぎんなんのおかゆ

ミキサーでつくる

米……1/4カップ
水……3カップ
ぎんなん（水煮）……6粒
塩……適量

つくり方

❶米は洗って水（分量外）に30分ほどつけ、ざるに上げて水をきります。
❷❶と水2カップをミキサーにかけます。
❸❷を漉します。
❹ぎんなんと水1カップをミキサーにかけます。
❺❹を漉します。
❻❸を鍋に入れ、時々混ぜながら、2〜3分煮ます。
❼❺を❻に少しずつ加え、混ぜながら、弱火でとろみがつくまであたためます。
❽塩を加えて味を調えます。
❾器に盛り、ぎんなん（分量外）をのせます。

「子どものおねしょに、ぎんなん」と言われるように、漢方でもその薬効が知られるぎんなん。膀胱をあたため、尿意をおさえる効能があります。ミキサーでスープ状にするので、ぎんなん独特の風味が苦手な人にも食べやすいおかゆ。ストレスもおねしょの原因になるので、おかゆでほっこりしてから寝るとよいでしょう。

他にもこんな時に

咳が止まらない時に
血圧を正常に

おかゆスイーツ?! 甘いおかゆの楽しみ

本書では、おかゆの仕上げに砂糖を加えるレシピも紹介しています。おかゆに砂糖？と驚かれるかもしれませんが、そこはお米の懐の深さで、新鮮な味わいを楽しむことができます。
小豆やかぼちゃ、さつまいも、松の実、ごまなどを使ったおかゆは、砂糖を入れるとデザートにもなります。バターやクリームを使っていないので、くどさもなくて、とてもヘルシー。
砂糖は、白砂糖ではなく、精製していない三温糖やきび砂糖、黒砂糖などを使うと、コクが出てグンとおいしく仕上がります。はちみつを使ってみるのもおすすめです。

キレイになるおかゆ

美しい肌や髪、きりりとしたスタイルを目指すなら、体の内側から働きかけることが大切。いろいろな食材を組みあわせたおかゆのパワーでキレイに！　そしてしなやかに！

美しい髪をつくる

ひじきのおかゆ

米からつくる

米……1/2 カップ
芽ひじき……5g
ごま油……小さじ2
水……4カップ
塩……適量

つくり方

❶米は洗って水（分量外）に30分ほどつけ、ざるに上げて水をきります。
❷ひじきは水（分量外）で戻し、ざるに上げて水をきります。
❸ごま油を鍋にひき、❶を入れて中火で2分ほど炒めます。
❹ごま油が米になじんだら、❷を加えてさっと炒め、水を注ぎます。
❺鍋を強火にかけ、煮たったら中火にします。
❻ふたをして、時々混ぜながら15分ほど煮ます。
❼塩を加えて味を調えます。

黒ごまのおかゆ

ミキサーでつくる

米……1/4 カップ
黒いりごま……1/4 カップ
水……3カップ
塩、三温糖……適量
白いりごま……適量

つくり方

❶米は洗って水（分量外）に30分ほどつけ、ざるに上げて水をきります。
❷❶と黒いりごま、水をミキサーにかけます。
❸❷を漉します。
❹❸を鍋に入れ、混ぜながら、弱火でとろみがつくまであたためます。
❺塩と三温糖を加えて味を調えます。
❻器に盛り、白いりごまを散らします。

ひじきのおかゆ

ひじきはミネラルや鉄分、カルシウム、ヨードなどを豊富に含むヘルシー食材。美しい髪を保つために、おすすめのおかゆです。美容のためだけでなく、健康のために積極的にとりいれたい海藻です。

他にもこんな時に

貧血防止
つらい便秘が続いたら
肥満を防ぐ
丈夫な骨をつくる

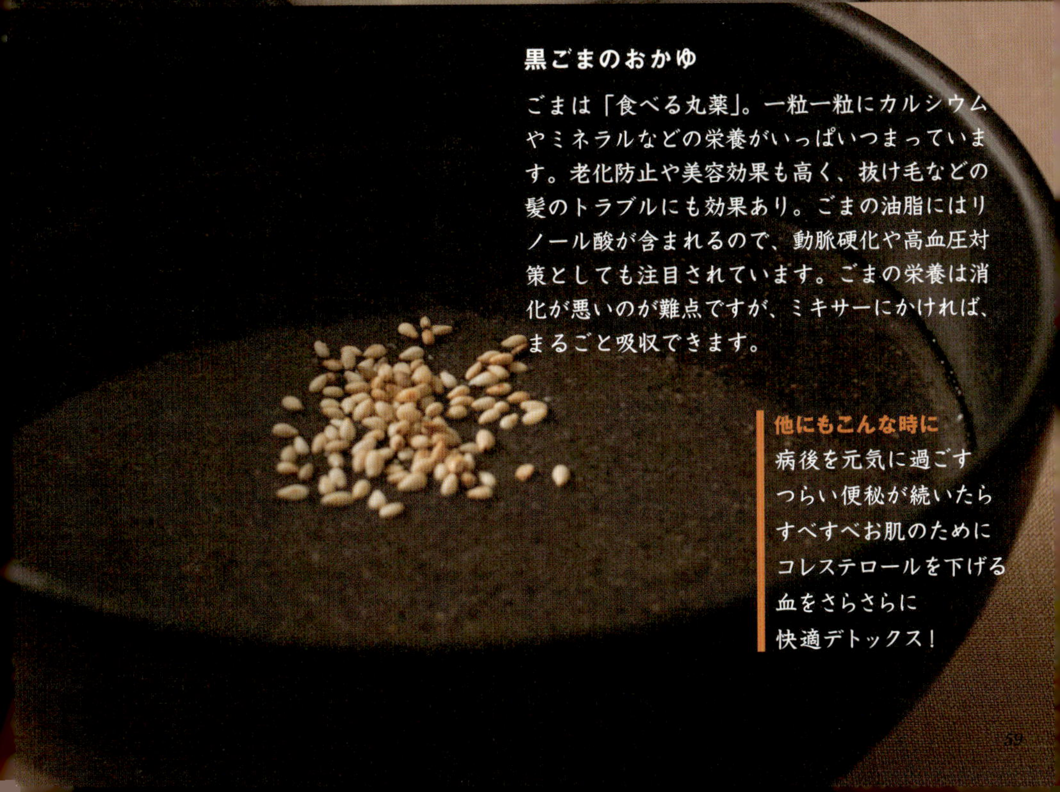

黒ごまのおかゆ

ごまは「食べる丸薬」。一粒一粒にカルシウムやミネラルなどの栄養がいっぱいつまっています。老化防止や美容効果も高く、抜け毛などの髪のトラブルにも効果あり。ごまの油脂にはリノール酸が含まれるので、動脈硬化や高血圧対策としても注目されています。ごまの栄養は消化が悪いのが難点ですが、ミキサーにかければ、まるごと吸収できます。

他にもこんな時に

病後を元気に過ごす
つらい便秘が続いたら
すべすべお肌のために
コレステロールを下げる
血をさらさらに
快適デトックス！

すべすべお肌のために

青菜のおかゆ

ごはんからつくる

青菜（春菊・ほうれんそうなど）……100g
ごはん……茶碗 1/2
だし汁（煮干し）……3カップ
塩……適量

つくり方

❶青菜は下ゆでし、水をきってざく切りにします。
❷ごはんを鍋に入れ、だし汁を注ぎます。
❸鍋を強火にかけ、煮たったら弱火にします。
❹ふたをして、ごはんがやわらかくなるまで煮ます。
❺❶を加えて軽く煮ます。
❻塩を加えて味を調えます。

青菜たっぷりのおかゆは、カロテンやビタミンC、葉緑素などがしっかり補給できるので、お肌の免疫力がアップ。カロテンは抗酸化力が高いので、体のさびを防ぎ、アンチエイジングにも効果的。肌の状態が気になったら、冷蔵庫にあるありあわせの青菜を入れて、おかゆをつくってみてください。

他にもこんな時に

貧血防止
つらい便秘が続いたら
丈夫な骨をつくる
コレステロールを下げる
血をさらさらに

小豆のおかゆ

ごはんからつくる

小豆……1/4 カップ
ごはん……茶碗 1/2
水……3 カップ
塩……適量

つくり方

❶小豆は洗って鍋に入れ、たっぷりの水（分量外）を注ぎます。
❷鍋を強火にかけ、煮たったら弱火にし、小豆がやわらかくなるまで煮ます。
❸❷を漉して、小豆の皮をとりのぞきます。
❹❸とごはんを鍋に入れ、水を注ぎます。
❺鍋を強火にかけ、煮たったら、弱火にします。
❻ふたをして、ごはんがやわらかくなるまで煮ます。
❼塩を加えて味を調えます。

美肌やアンチエイジングに欠かせないビタミンBが豊富な小豆。ほんのり小豆色のおかゆは、お赤飯よりもあっさりしていて食べやすいのが嬉しい。小豆は食物繊維や利尿効果のあるサポニンなども多く含んでいるので、便秘やむくみにも効果的。

他にもこんな時に

手足や腰の痛みをラクに
むくみをとりたい
血をさらさらに
血圧を正常に
快適デトックス！

人参のおかゆ

ごはんからつくる

人参……50g
ごはん……茶碗 1/2
だし汁（煮干し）……3 カップ
塩……適量
白すりごま……大さじ 2

つくり方
❶人参はすりおろします。
❷ごはんと❶を鍋に入れ、だし汁を注ぎます。
❸鍋を強火にかけ、煮たったら弱火にします。
❹ふたをして、ごはんがやわらかくなるまで煮ます。
❺塩を加えて味を調えます。
❻器に盛り、白すりごまを散らします。

栗のおかゆ

ミキサーでつくる

米……1/4 カップ
水……3 カップ
栗（むいたもの）……50g
塩、三温糖……適量

つくり方
❶米は洗って水（分量外）に30 分ほどつけ、ざるに上げて水をきります。
❷❶と水 2 カップをミキサーにかけます。
❸❷を漉します。
❹栗はやわらかくなるまで蒸します。
❺❹と水 1 カップをミキサーにかけます。
❻❺を漉します。
❼❸を鍋に入れ、時々混ぜながら、2〜3 分煮ます。
❽❻を❼に少しずつ加え、混ぜながら、弱火でとろみがつくまであたためます。
❾塩と三温糖を加えて味を調えます。

人参のおかゆ

美しい肌のためには、バランスのよい食事で体内環境を整えることがとても大切です。人参は特にカロテンとビタミンの宝庫で、美肌の強い味方。粘膜を強くし、免疫力もアップしてくれます。すりおろしておかゆにすれば、色鮮やかに仕上がります。やさしい味わいなので、離乳食にも最適。

他にもこんな時に
血をさらさらに
血圧を正常に

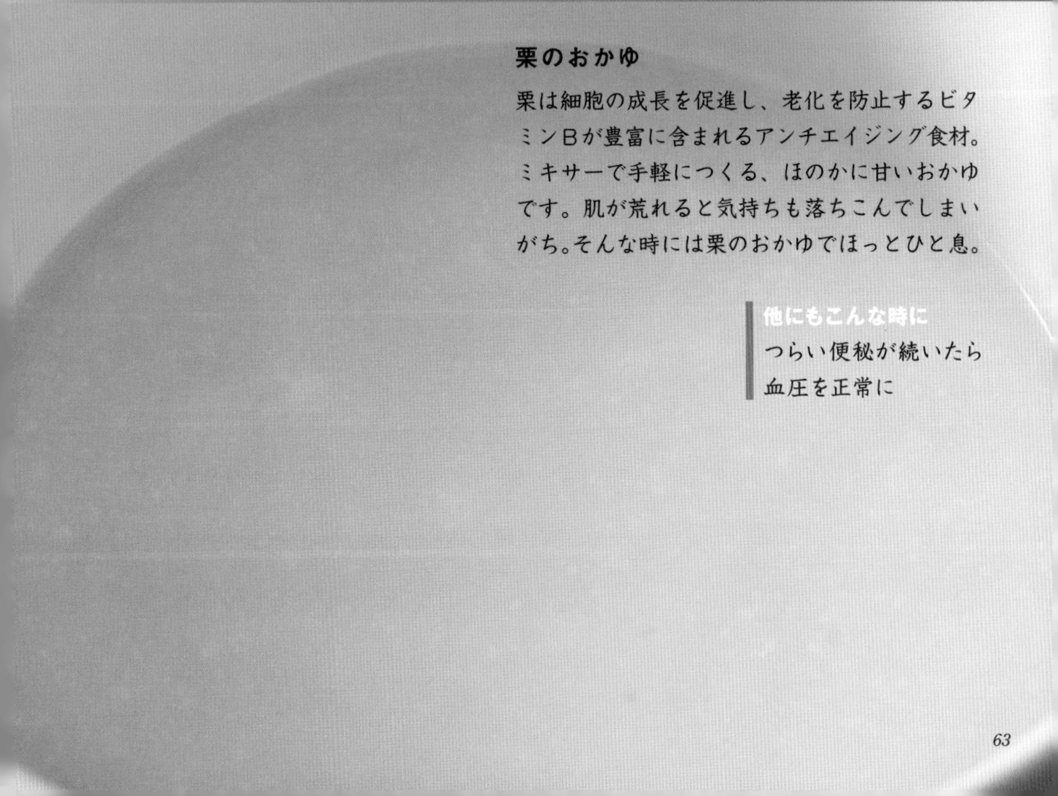

栗のおかゆ

栗は細胞の成長を促進し、老化を防止するビタミンBが豊富に含まれるアンチエイジング食材。ミキサーで手軽につくる、ほのかに甘いおかゆです。肌が荒れると気持ちも落ちこんでしまいがち。そんな時には栗のおかゆでほっとひと息。

他にもこんな時に
つらい便秘が続いたら
血圧を正常に

アトピー予防に

よもぎとごまのおかゆ　ごはんからつくる

つらいアトピー性皮膚炎は、肌のケアや食生活に注意しながら、症状の悪化を防ぐのが理想的です。さまざまな薬効のあるよもぎは、アトピーにも効果的と言われています。パウダーを使うと手軽に料理できます。

他にもこんな時に
貧血防止
つらい便秘が続いたら
すべすべお肌のために

ごはん……茶碗 1/2
水……３カップ
よもぎ粉……小さじ１
白すりごま……大さじ２
塩……適量

つくり方
❶ごはんを鍋に入れ、水を注ぎます。
❷鍋を強火にかけ、煮たったらよもぎ粉を入れて弱火にします。
❸ふたをして、ごはんがやわらかくなるまで煮ます。
❹白すりごまと塩を加えて味を調えます。

メモ
春、生のよもぎが手に入ったら、ミキサーにかけてから漉し、漉した汁で米を煮るといいでしょう。

花粉症の季節に

赤しそのおかゆ

米からつくる

しそはビタミンやミネラルが多く、特にカロテンの含有量の多さは他の食材に比べて群を抜いています。カロテンの抗酸化力で免疫力がアップし、鼻やのどの粘膜を守ります。また赤しそからはルテリオンという抗アレルギーや抗炎症作用のある栄養素が発見され、注目されています。ゆかり粉を使えば、手軽につくることができます。

他にもこんな時に

風邪のひきはじめに
貧血防止
血をさらさらに
血圧を正常に

米……1/2 カップ
ごま油……小さじ２
水……４カップ
塩……適量
ゆかり粉……小さじ１

つくり方

❶米は洗って水（分量外）に 30 分ほどつけ、ざるに上げて水をきります。
❷ごま油を鍋にひき、❶を入れて中火で２分ほど炒めます。
❸ごま油が米になじんだら､水を注ぎます。
❹鍋を強火にかけ、煮たったら中火にします。
❺ふたをして、時々混ぜながら 15 分ほど煮ます。
❻塩を加えて味を調えます。
❼器に盛り、ゆかり粉をのせます。

乾燥肌に効く!

白きくらげのおかゆ

米からつくる

米……1/2 カップ
白きくらげ（乾燥）……5g
ごま油……小さじ 2
水……4 カップ
塩……適量

つくり方
❶米は洗って水（分量外）に30 分ほどつけ、ざるに上げて水をきります。
❷白きくらげは水（分量外）で戻し、ひと口大に切ります。
❸ごま油を鍋にひき、❶を入れて中火で 2 分ほど炒めます。
❹ごま油が米になじんだら、水を注ぎます。
❺鍋を強火にかけ、煮たったら中火にします。
❻ふたをして、時々混ぜながら 15 分ほど煮ます。
❼❷を加えて軽く煮ます。
❽塩を加えて味を調えます。

牛すね肉のおかゆ

ごはんからつくる

ごはん……茶碗 1/2
牛すね肉のスープ（P.11 参照）……3 カップ
牛すね肉（スープで使ったもの）……適量
塩……適量

つくり方
❶ごはんを鍋に入れ、スープを注ぎます。
❷鍋を強火にかけ、煮たったら弱火にします。
❸ふたをして、ごはんがやわらかくなるまで煮ます。
❹塩を加えて味を調えます。
❺器に盛り、ほぐしたすね肉をのせます。

白きくらげのおかゆ

薬膳でよく使われる白きくらげは、乾燥した肌にうるおいを与え、肌あれ解消も期待できます。胃液や消化液、涙や汗などを補充する働きもあります。白きくらげは満腹感もあるので、ダイエットにも効果的。水で戻すと５倍以上にふくれるので、入れ過ぎに注意。

他にもこんな時に

つらい便秘が続いたら

肥満を防ぐ

牛すね肉のおかゆ

牛すね肉をコトコト煮こんでとったスープは、あっさりしているのにコクがあります。ゼラチン質豊富な牛すね肉のコラーゲンとエラスチンパワーで、お肌がプリプリに。

他にもこんな時に

すべすべお肌のために

むくみをとりたい

かぼちゃのおかゆ

ミキサーでつくる

かぼちゃは、細胞内の水分調節をするカリウムを多く含むため、むくみの解消に効果的。乳製品や小麦、油脂を使っていないので、アレルギーのあるお子さんも安心して食べることができます。

他にもこんな時に

つらい便秘が続いたら
人に言えないトイレの悩みに
すべすべお肌のために
血圧を正常に
快適デトックス！

米……1/4カップ
かぼちゃ……100g
水……3カップ
塩、三温糖……適量

つくり方

❶米は洗って水（分量外）に30分ほどつけ、ざるに上げて水をきります。
❷❶と水2カップをミキサーにかけます。
❸❷を漉します。
❹かぼちゃは皮と種をとりのぞき、乱切りにします。
❺❹を鍋に入れ、ひたひたの水（分量外）を加えてやわらかくなるまで煮ます。
❻❺を煮汁ごとミキサーにかけます。
❼❻を漉します。
❽❸と水1カップを鍋に入れ、時々混ぜながら、2～3分煮ます。
❾❼を❽に少しずつ加え、混ぜながら、弱火でとろみがつくまであたためます。
❿塩と三温糖を加えて味を調えます。

肥満を防ぐ

ツナのおかゆ

ごはんからつくる

おかゆはダイエットに最適ですが、味が単調だと飽きてしまいがちです。でもツナのおかゆなら、ツナからおいしい味が出る上、ボリューム感も抜群。野菜もたっぷり入っているので、満足度も高いおかゆです。

他にもこんな時に
いつでもおいしく食べたい

ツナ（オイルづけ・缶詰）……１缶（80g）
人参……50g
しいたけ……２枚
ほうれんそう……20g
ごはん……茶碗 1/2
水……３カップ
塩……適量

つくり方

❶ツナはオイルをきり、オイルもとっておきます。
❷人参はあられ切り、しいたけは薄切り、ほうれんそうは下ゆでし、水をきって1cm に切ります。
❸ツナのオイルを鍋にひき、人参としいたけ、ツナを炒めます。
❹ごはんを加え、水を注ぎます。
❺鍋を強火にかけ、煮たったらアクをすくい、弱火にします。
❻ふたをして、ごはんがやわらかくなるまで煮ます。
❼ほうれんそうを加えて軽く煮ます。
❽塩を加えて味を調えます。

まいたけのおかゆ

ごはんからつくる

まいたけ……100g
ごはん…… 茶碗 1/2
水…… 3カップ
塩…… 適量

つくり方

❶まいたけは食べやすい大きさにさきます。
❷❶とごはんを鍋に入れ、水を注ぎます。
❸鍋を強火にかけ、煮たったらアクをすくい、弱火にします。
❹ふたをして、ごはんがやわらかくなるまで煮ます。
❺塩を加えて味を調えます。

ほとんどカロリーのないきのこ類は、体重が気になる時の助っ人。まいたけは、歯ごたえと独特の香りが人気のきのこですが、おかゆに加えるとうまみとボリューム感がアップして、満足のいく一杯に。ビタミンBやミネラルも豊富で、免疫力もアップ。便秘解消にも効果的です。

他にもこんな時に
つらい便秘が続いたら
血をさらさらに
血圧を正常に

産後の体を元気に

わかめのおかゆ　ごはんからつくる

わかめ（乾燥）……大さじ1
ごま油……大さじ1
ごはん……茶碗1/2
だし汁（煮干し）……3カップ
塩……適量

つくり方
❶わかめは水（分量外）で戻し、水をきって、ひと口大に切ります。
❷ごま油を鍋にひき、❶を入れてさっと炒めます。
❸ごはんを加え、だし汁を注ぎます。
❹鍋を強火にかけ、煮たったら弱火にします。
❺ふたをして、ごはんがやわらかくなるまで煮ます。
❻塩を加えて味を調えます。

韓国では、産後や誕生日にわかめスープを飲む習慣があります。わかめはカルシウムやミネラル、ヨードに富んでいるので、出産で失われたカルシウムや鉄分を補ってくれます。赤ちゃんの世話で忙しいお母さんの体をいたわり、癒してくれるおかゆです。

他にもこんな時に
貧血防止
美しい髪をつくる
すべすべお肌のために
血をさらさらに

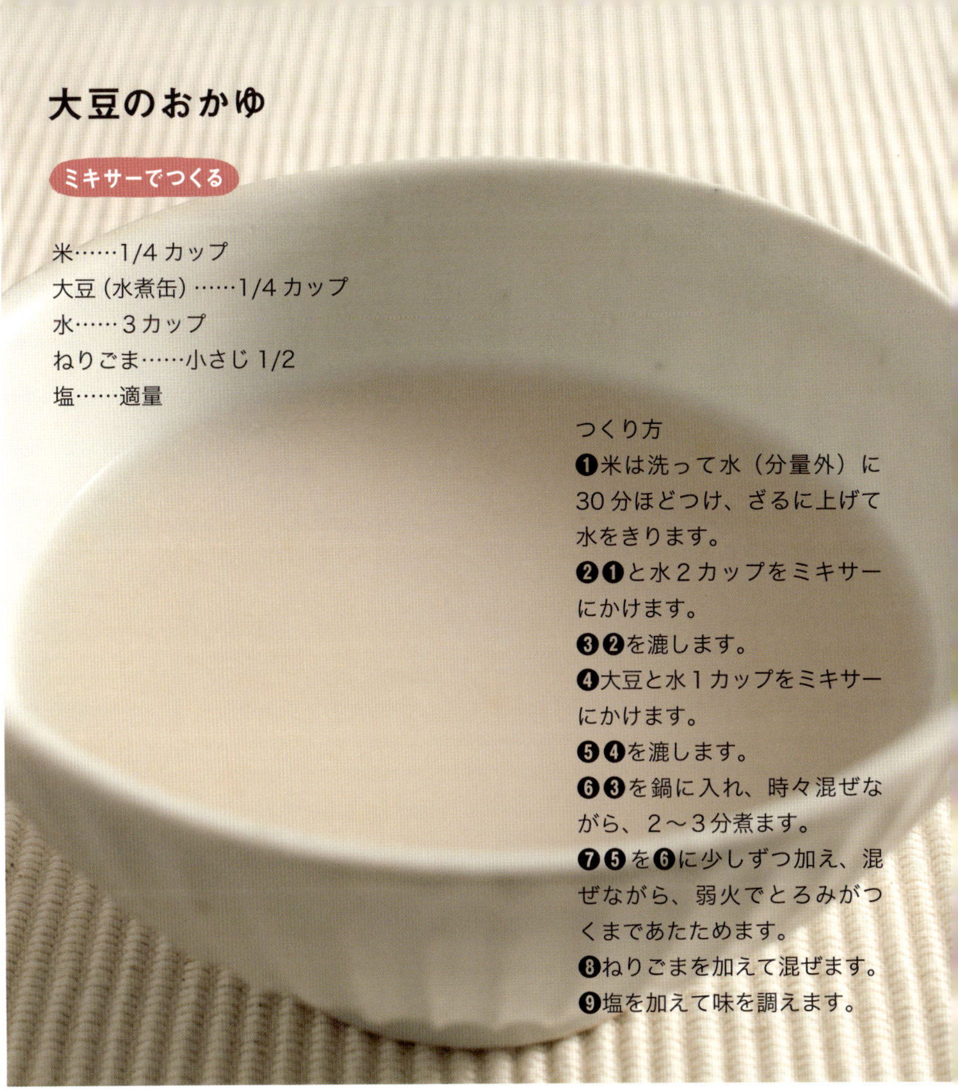

大豆のおかゆ

ミキサーでつくる

米……1/4 カップ
大豆（水煮缶）……1/4 カップ
水……３カップ
ねりごま……小さじ 1/2
塩……適量

つくり方

❶米は洗って水（分量外）に30 分ほどつけ、ざるに上げて水をきります。

❷❶と水２カップをミキサーにかけます。

❸❷を漉します。

❹大豆と水１カップをミキサーにかけます。

❺❹を漉します。

❻❸を鍋に入れ、時々混ぜながら、２～３分煮ます。

❼❺を❻に少しずつ加え、混ぜながら、弱火でとろみがつくまであたためます。

❽ねりごまを加えて混ぜます。

❾塩を加えて味を調えます。

出産の疲労と赤ちゃんの世話で、くたくたになる産後の生活。母乳のためにはバランスのとれた食事をとらなければいけませんし、一方でダイエットも気になります。そんな時期には、手間いらずでヘルシーなおかゆはお助けメニューです。大豆は高たんぱく低カロリーの上、ビタミンも豊富なので、母乳の出もよくなります。

他にもこんな時に

つらい便秘が続いたら
肥満を防ぐ
コレステロールを下げる
血をさらさらに
血圧を正常に

おかゆをおいしくする「塩」と「ごま油」

シンプルな食材でかんたんにつくれるおかゆ。よりおいしく仕上げるには、塩がポイント。
おいしい自然塩を選べば、ぐっと味が引きしまります。ミネラルやにがりのうまみを含んだ自然塩は、塩味にまるみがあって、米自体の持ち味を引きだしてくれます。海塩や岩塩など、今はいろいろなタイプ、あらゆる産地の塩が手に入るので、私は選ぶことを楽しみながら、好みの塩を見つけています。
米からつくるおかゆには、ごま油も隠れた主役です。ごまをしっかりと炒ってつくられた、香り高いごま油を選ぶと、おかゆの風味が格段にアップします。できれば開栓後日数のたっていない、酸化していないものを使います。

免疫力をあげるおかゆ

体によいものを日常的にとりいれるようにすれば免疫力がアップして、病気にかかりにくい体をつくることができます。明日の元気のために、毎日の食事におかゆがおすすめです。

丈夫な骨をつくる

チーズとミルクのおかゆ

ミキサーでつくる

米……1/4 カップ
水……1 カップ
牛乳……2 カップ
パルメザンチーズ……大さじ 1
塩……適量

つくり方

❶米は洗って水（分量外）に30 分ほどつけ、ざるに上げて水をきります。
❷❶と水をミキサーにかけます。
❸❷を漉します。
❹❸を鍋に入れ、時々混ぜながら、2～3分煮ます。
❺牛乳を❹に少しずつ加え、混ぜながら、弱火でとろみがつくまであたためます。
❻パルメザンチーズと塩を加えて味を調えます。

日本人はカルシウムが不足しがちと言われています。骨がスカスカになってしまう骨粗鬆症を防ぐには、食生活が大事。カルシウムを含む食材の中でも、吸収率が一番いいのが乳製品。ミキサーを使ってポタージュ風のおかゆに仕立てたので、消化吸収はさらにアップ。小麦粉や油脂を使っていないので、ヘルシー。赤ちゃんからお年寄りまで、安心して食べられるおかゆです。

他にもこんな時に
体の芯からあたたまりたい
朝までぐっすり眠りたい

じゃこのおかゆ

米からつくる

米……1/2 カップ
ごま油……小さじ２
じゃこ……1/4 カップ
水……４カップ
塩……適量

つくり方

❶米は洗って水（分量外）に 30 分ほどつけ、ざるに上げて水をきります。
❷ごま油を鍋にひき、じゃこを入れてさっと炒めます。
❸❶を加えて中火で２分ほど炒めます。
❹ごま油が米になじんだら、水を注ぎます。
❺鍋を強火にかけ、煮たったら中火にします。
❻ふたをして、時々混ぜながら 15 分ほど煮ます。
❼塩を加えて味を調えます。

骨を丈夫にするには、乳製品など、カルシウムを多く含む食材を食べるだけでなく、カルシウムの吸収を助けるビタミンＤをとることも必要です。じゃこなどの小魚類は、ビタミンＤを多く含むので、おすすめです。カルシウムの吸収率は加齢とともに低下するので、上手な食材選びで効果的な食べ方をするように心がけましょう。

他にもこんな時に
美しい髪をつくる

コレステロールを下げる

たこのおかゆ　米からつくる

米……1/2 カップ
ゆでだこ……80g
ごま油……小さじ2
水……4カップ
塩……適量

つくり方

❶米は洗って水（分量外）に30分ほどつけ、ざるに上げて水をきります。
❷たこは薄切りにします。
❸ごま油を鍋にひき、❷を入れてさっと炒めます。
❹❶を加えて中火で2分ほど炒めます。
❺ごま油が米になじんだら、水を注ぎます。
❻鍋を強火にかけ、煮たったら中火にします。
❼ふたをして、時々混ぜながら15分ほど煮ます。
❽塩を加えて味を調えます。

たこは、高たんぱくで脂肪分がほとんどないヘルシー食材。たこに多く含まれるタウリンは、疲労回復に役立つ他、血液中のコレステロールを下げる効果があります。動脈硬化や高血圧を防ぎ、成人病の予防にひと役かってくれます。たことごま油の風味たっぷりのおいしいおかゆです。ほんのりピンクに色づいたごはんが食欲をそそります。

他にもこんな時に
病後を元気に過ごす
血をさらさらに
血圧を正常に

くるみのおかゆ

ミキサーでつくる

米……1/4 カップ
くるみの実……1/4 カップ
水……3 カップ
塩……適量

つくり方
❶米は洗って水（分量外）に30 分ほどつけ、ざるに上げて水をきります。
❷くるみをフライパンでからいりします。
❸❷はトッピング用に少し残し、残りは❶と水 1 カップと一緒にミキサーにかけます。
❹❸を漉します。
❺❹と水 2 カップを鍋に入れ、混ぜながら、弱火でとろみがつくまであたためます。
❻塩を加えて味を調えます。
❼器に盛り、くるみをのせます。

くるみは、良質の油脂やたんぱく質が豊富。さらにビタミン、ミネラル、食物繊維など、不足しがちな栄養素いっぱいのヘルシーな食材です。くるみの油脂の多くはリノール酸で、血中のコレステロールを下げ、動脈硬化の予防にも役立ちます。ビタミンBも豊富なので、疲労回復にも効果あり。ミキサーにかけるので消化吸収もよく、くるみの栄養がまるごとつまったおかゆです。

他にもこんな時に
病後を元気に過ごす
咳が止まらない時に
つらい便秘が続いたら

血をさらさらに

せりのおかゆ

米からつくる

血がドロドロしていると、さまざまな病気にかかりやすくなると言われています。春の七草のひとつ、せりは、カロテンやカルシウム、カリウムなどを多く含み、冬にたまった血液中の過剰な脂肪分や、老廃物を排出する働きがあります。また、血をさらさらにしてくれるパワーの持ち主です。

他にもこんな時に
コレステロールを下げる
快適デトックス！

米……1/2 カップ
せり……30g
ごま油……小さじ２
水……４カップ
塩……適量

つくり方

❶米は洗って水（分量外）に30分ほどつけ、ざるに上げて水をきります。
❷せりは洗って水をきり、ざく切りにします。
❸ごま油を鍋にひき、❶を入れて中火で２分ほど炒めます。
❹ごま油が米になじんだら、水を注ぎます。
❺鍋を強火にかけ、煮たったら中火にします。
❻ふたをして、時々混ぜながら15分ほど煮ます。
❼塩を加えて味を調えます。
❽器に盛り、❷をのせます。

血圧を正常に

豆乳とごまのおかゆ

ごはんからつくる

豆乳とごはんを一緒に煮てつくるので、大豆のパワーをしっかり吸収できる、ヘルシーなおかゆ。大豆の良質なたんぱく質には、血中コレステロールを減らし、血管を強化する働きがあるので、高血圧や動脈硬化を予防します。塩分を控えたいなら、塩を減らして、ごまを多くすると、風味がアップします。

他にもこんな時に

つらい便秘が続いたら
すべすべお肌のために
コレステロールを下げる
血をさらさらに

ごはん……茶碗 1/2
豆乳……3 カップ
水……1/2 カップ
ねりごま……大さじ 1/2
塩……適量

つくり方

❶ごはんを鍋に入れ、豆乳と水を注ぎます。
❷鍋を強火にかけ、煮たったら弱火にします。
❸ふたをして、ごはんがやわらかくなるまで煮ます。
❹ねりごまを加えて全体を混ぜます。
❺塩を加えて味を調えます。

快適デトックス！

玉ねぎのおかゆ

ごはんからつくる

玉ねぎ…… 1/2 個
だし汁（煮干し）……4カップ
ごはん……茶碗 1/2
塩……適量

つくり方
❶玉ねぎはみじん切りにします。
❷❶を鍋に入れ、だし汁を注ぎます。
❸鍋を強火にかけ、煮たて、だし汁の分量が半分くらいになるくらいまで煮つめます。
❹ごはんを加え、煮たったら弱火にします。
❺ふたをして、ごはんがやわらかくなるまで煮ます。
❻塩を加えて味を調えます。

血をきれいにする効果で注目されている玉ねぎは、デトックス優等生でもあります。玉ねぎのケルセチンという成分が、体に蓄積した毒素や有害物質を吸着し、排泄してくれます。玉ねぎを煮つめて味を引きだすのがポイント。玉ねぎさえあれば手軽につくることができるので、定期的に食べるようにしたいおかゆです。

他にもこんな時に
血をさらさらに
血圧を正常に

よもぎ茶のおかゆ

ごはんからつくる

ごはん……茶碗 1/2
水……３カップ
よもぎ茶（ティーバッグ・8g 入り）……２袋

たれ
- しょうゆ……大さじ２
- にんにく・長ねぎのみじん切り……各小さじ１
- すりごま……小さじ１
- ごま油……小さじ１

つくり方

❶ごはんを鍋に入れ、水を注ぎます。
❷鍋を強火にかけ、煮たったらよもぎ茶を入れます。
❸お茶の色が出たら、ティーバッグをとりだし、弱火にします。
❹ふたをして、ごはんがやわらかくなるまで煮ます。
❺たれの材料を混ぜ、たれをかけながらいただきます。

昔から、万能な薬草として使われてきたよもぎは、アレルギーの抑制、解毒作用など、さまざまな薬効があるとされています。韓国の民間療法では、婦人系の不調には特に「よもぎ蒸し」が効くと言われ、血行をよくして血液を浄化する効果、ホルモンの分泌を調整して生理不順の改善などが期待できます。よもぎ茶を使えば、手軽におかゆをつくることができます。

他にもこんな時に
すべすべお肌のために
アトピー予防に

レトルトのおかゆ

残念ながら日本には、韓国のようにおかゆ屋さんがあまりないのですが、コンビニやスーパーなどで、「白がゆ」のレトルトを購入することができます。値段も200円程度と手頃です。
小鍋に移してから煮つまらないように弱火であたためたり、器に移してラップをかけてレンジであたためるだけで、手軽に食べることができます。
他にも、「梅がゆ」「小豆がゆ」「玉子がゆ」「さけがゆ」など、いろいろな種類のレトルトも出ています。味もなかなかおいしいので、忙しい時など、上手に利用してみてください。

穀物と豆のおかゆ

玄米や雑穀、豆などを使ったヘルシーなおかゆ。じっくり水につける必要もあって準備に少し時間がかかりますが、時間のある時にぜひつくってみたい、本格的なおかゆです。

緑豆のおかゆ

小豆に似た小さい緑色の豆で、日本では青ささげと呼ばれています。消化がよいので胃の調子が悪い時、病後、またお年寄りにもおすすめ。

米からつくる

緑豆……1/2 カップ
水…10 カップ　米…1/2 カップ
ごま油…小さじ 2

つくり方

❶米と緑豆はそれぞれ洗って水（分量外）に 30 分ほどつけ、ざるに上げて水をきります。

❷❶の緑豆を鍋に入れ、水 6 カップを注ぎ、強火にかけ、煮たったら弱火にし、1 時間ほど煮ます。

❸❷をざるに上げ、つぶします。

❹ごま油を鍋にひき、❶を入れて中火で 2 分ほど炒めます。

❺ごま油が米になじんだら、水 4 カップを注ぎ、強火にかけ、煮たったら中火にします。

❻ふたをして、時々混ぜながら 15 分ほど煮ます。

❼器に盛り、❸をのせます。

はと麦のおかゆ

はと麦は、美肌に効果が高いとされています。にきびやふきでものなどの肌トラブルに効果的。素朴な穀物のおいしいさを楽しめるおかゆです。

米からつくる

はと麦…1/4 カップ
米…1/2 カップ
水…6 カップ　塩…適量

つくり方

❶はと麦は洗って水（分量外）にひと晩つけ、ざるに上げて水をきります。

❷米は洗って水（分量外）に 30 分ほどつけ、ざるに上げて水をきります。

❸❶と❷を鍋に入れ、水を注ぎます。

❹❸を強火にかけ、煮たったら弱火にします。

❺ふたをして、50 分ほど煮ます。

❻塩を加えて味を調えます。

玄米と大豆とあわのおかゆ

雑穀が入ったごはんは、胃が重く、食がすすまない時におすすめです。大豆と玄米を加えているので栄養価もアップします。

ミキサーでつくる

玄米……1/4カップ
あわ……1/4カップ
大豆（水煮缶）……1/4カップ
水……3カップ　塩……適量

つくり方

❶玄米は洗って水（分量外）に2時間ほどつけ、ざるに上げて水をきります。
❷あわは洗って、ざるに上げて水をきります。
❸❶と大豆、水2カップをミキサーにかけます。
❹❸を鍋に入れ、❷と水1カップを加えます。
❺鍋を強火にかけ、煮たったら弱火にします。
❻ふたをして、時々混ぜながら、弱火でとろみがつくまで煮ます。
❼塩を加えて味を調えます。

黒米のおかゆ

黒ごまや黒豆と並んで注目の「黒い食材」。鉄分は白米の倍以上で女性の味方です。食感も楽しめます。

米からつくる

黒米……1/2カップ
水……5カップ　塩……適量

つくり方

❶黒米は洗って水（分量外）にひと晩つけ、ざるに上げて水をきります。
❷❶を鍋に入れ、水を注ぎます。
❸❷を強火にかけ、煮たったら弱火にします。
❹ふたをして、1時間ほど煮ます。
❺塩を加えて味を調えます。

注意!
黒米は種皮がついた状態なので、長めに浸水し、時間をかけて煮ます。

玄米のおかゆ

ビタミンBやミネラルが豊富な玄米。食物繊維は白米の約6倍も含まれていますから、腸内を掃除して体調を整えたい時におすすめ。

米からつくる

玄米…… 1/2 カップ
水……5カップ
塩……適量

つくり方

❶玄米は洗って水（分量外）に２時間ほどつけ、ざるに上げて水をきります。
❷❶を鍋に入れ、水を注ぎます。
❸鍋を強火にかけ、煮たったら弱火にします。
❹ふたをして、30分ほど煮ます。
❺塩を加えて味を調えます。

黒豆のおかゆ

おせちの印象が強い黒豆は、ダイエット食材として注目を集めていますが、おかゆに入れるのも新鮮。豆本来の甘みも味わえるおかゆです。

米からつくる

黒豆……1/4 カップ
水……6カップ
米……1/2 カップ
塩……適量

つくり方

❶黒豆は洗って水にひと晩つけておきます。
❷米は洗って水（分量外）に 30分ほどつけ、ざるに上げて水をきります。
❸❶をつけ汁と一緒に鍋に入れ、❷を加えます。
❹鍋を強火にかけ、煮たったらアクをすくい、弱火にします。
❺ふたをして、１時間ほど煮ます。
❻塩を加えて味を調えます。

はと麦とすけそうだらのおかゆ

干しすけそうだらのスープは、韓国では二日酔い解消によいと言われています。淡泊なよいだしが出るので、おかゆにも使ってみてください。

米からつくる

すけそうだら（乾燥）……20g
ごま油…小さじ２
水…４カップ
はと麦のおかゆ（P.86 参照）
……茶碗１膳
にんにく（みじん切り）…小さじ１
薄口しょうゆ、塩……適量
万能ねぎ（みじん切り）…小さじ１

つくり方

❶すけそうだらはさきます。
❷ごま油を鍋にひき、❶を入れてさっと炒めます。
❸鍋に水を注ぎ、煮たったら弱火で 10 分ほど煮ます。
❹はと麦のおかゆとにんにくを加え、軽く煮ます。
❺薄口しょうゆと塩を加えて味を調え、器に盛って、万能ねぎを散らします。

雑穀のおかゆ

最近人気の雑穀は、何種類もミックスされているものを使うと、かんたん＆便利。ぷちぷちの食感が楽しめるおかゆです。

米からつくる

米……1/2 カップ
雑穀ミックス……1/2 カップ
水……６カップ
塩……適量

つくり方

❶米と雑穀は合わせて洗って水（分量外）に２時間ほどつけ、ざるに上げて水をきります。
❷❶を鍋に入れ、水を注ぎます。
❸鍋を強火にかけ、煮たったら弱火にします。
❹ふたをして、50 分ほど煮ます。
❺塩を加えて味を調えます。

材料別索引

食材別 おかゆリスト

	体の芯からあたたまりたい	朝までぐっすり眠りたい	目が疲れたら	脱！夏バテ	病後を元気に過ごす	風邪のひきはじめに	咳が止まらない時に	のどがイガイガしてきたら	苦しい鼻づまりに	胃をすっきりラクに	二日酔いの朝に	いつでもおいしく食べたい	貧血防止
しょうがとねぎのおかゆ	●			●									
キムチのおかゆ	●					●							
ミルクのおかゆ		●											
セロリのおかゆ		●								●			
グリンピースのおかゆ		●											
くこの実のおかゆ		●	●										
とりのおかゆ	●			●									
松の実のおかゆ					●								
豆腐のおかゆ					●							●	
あわびのおかゆ			●		●								
しょうがとなつめのおかゆ	●					●						●	
シナモンのおかゆ		●				●							
豆もやしのおかゆ	●					●							
にらのおかゆ	●					●					●		
ねぎのおかゆ						●	●	●					
ピーナッツのおかゆ					●		●						
梨のおかゆ						●	●	●					
ほうじ茶のおかゆ								●	●				
じゃがいものおかゆ										●			
緑茶のおかゆ											●		
しじみのおかゆ											●		●
かきと大根のおかゆ					●					●		●	
ほうれんそうとあさりのおかゆ					●								●
プルーンのおかゆ													●
パセリのおかゆ						●						●	●
ごぼうのおかゆ													
ほうれんそうのおかゆ						●							●
かぼちゃと小豆のおかゆ	●												
わかめとちりめんじゃこのおかゆ													●
モロヘイヤのおかゆ			●			●							
梅としそのおかゆ						●					●		
梅のおかゆ				●							●		
やまいものおかゆ										●		●	
れんこんのおかゆ													

▼

快適デトックス！	血圧を正常に	血をさらさらに	コレステロールを下げる	丈夫な骨をつくる	産後の体を元気に	肥満を防ぐ	むくみをとりたい	乾燥肌に効く！	花粉症の季節に	アトピー予防に	すべすべお肌のために	美しい髪をつくる	子どものおねしょに	人に言えないトイレの悩みに	つらい便秘が続いたら	つらい下痢が続いたら	肩こりをすっきり	手足や腰の痛みをラクに	つらい頭痛に
●											●								
		●		●											●				
		●													●				
	●														●				
											●								
					●														
			●																
		●																	
					●														
																		●	●
	●														●				
	●	●																	
	●	●																	
	●										●								
	●	●	●				●												
		●	●																●
	●														●				
											●								
															●				●
	●	●		●															●
							●				●				●		●	●	
		●	●	●								●			●			●	
		●	●												●		●		
		●								●						●	●		
																●	●		
	●															●			
	●						●								●				

	体の芯からあたたまりたい	朝までぐっすり眠りたい	目が疲れたら	脱！夏バテ	病後を元気に過ごす	風邪のひきはじめに	咳が止まらない時に	のどがイガイガしてきたら	苦しい鼻づまりに	胃をすっきりラクに	二日酔いの朝に	いつでもおいしく食べたい	貧血防止
さつまいものおかゆ													
とうもろこしのおかゆ													
ぎんなんのおかゆ							●						
ひじきのおかゆ													●
黒ごまのおかゆ					●								
青菜のおかゆ													●
小豆のおかゆ													
人参のおかゆ													
栗のおかゆ													
よもぎとごまのおかゆ													●
赤しそのおかゆ						●							●
白きくらげのおかゆ													
牛すね肉のおかゆ													
かぼちゃのおかゆ													
ツナのおかゆ												●	
まいたけのおかゆ													
わかめのおかゆ													●
大豆のおかゆ													
チーズとミルクのおかゆ	●	●											
じゃこのおかゆ													
たこのおかゆ					●								
くるみのおかゆ					●		●						
せりのおかゆ													
豆乳とごまのおかゆ													
玉ねぎのおかゆ													
よもぎ茶のおかゆ													
緑豆のおかゆ										●			
はと麦のおかゆ													
玄米と大豆とあわのおかゆ					●							●	
黒米のおかゆ													●
玄米のおかゆ					●								
黒豆のおかゆ											●		
はと麦とすけそうだらのおかゆ											●	●	
雑穀のおかゆ													

快適デトックス！	血圧を正常に	血をさらさらに	コレステロールを下げる	丈夫な骨をつくる	産後の体を元気に	肥満を防ぐ	むくみをとりたい	乾燥肌に効く！	花粉症の季節に	アトピー予防に	すべすべお肌のために	美しい髪をつくる	子どものおねしょに	人に言えないトイレの悩みに	つらい便秘が続いたら	つらい下痢が続いたら	肩こりをすっきり	手足や腰の痛みをラクに	つらい頭痛に
	●										●				●				
							●							●	●				
	●												●						
				●		●						●			●				
●		●	●								●	●			●				
		●	●	●							●				●				
●	●	●					●				●							●	
	●	●									●								
	●										●				●				
										●	●				●				
	●	●							●										
						●		●							●				
								●			●								
●	●						●				●			●	●				
						●													
	●	●				●									●				
		●			●						●	●							
	●	●	●		●	●									●				
				●															
				●								●							
	●	●	●																
			●												●				
●		●	●																
	●	●	●								●				●				
●	●	●																	
●										●	●								
●							●							●					
							●	●			●								
					●										●				
		●		●							●								
					●										●				
	●	●		●															
		●	●												●				

食べるクスリ おかゆ

2010年 10月25日　初版第1刷発行
2020年 10月20日　第6刷発行

著　者　崔《ちぇ》智《じ》恩《うん》

撮　影　奥田高文
装　丁　坂川事務所
本文デザイン　横田洋子

発行者　若月眞知子
発行所　ブロンズ新社
東京都渋谷区神宮前6-31-15-3B
03-3498-3272
https://www.bronze.co.jp/
編集者　高野直子
阿部正美

印刷所　吉原印刷
製本所　難波製本

ISBN978-4-89309-485-8 C2077